CHAITHEADAR SEAL I DTOSACH AR A GCOIMEÁD I GCRÍOCHA ÉIREANN, AGUS IAD AG TAISTEAL GO SÍORAÍ SEASTA...
Ó EAS RUA TIMPEALL SOIR Ó DHEAS GO BEANN ÉADAIR AGUS SIAR Ó THUAIDH ARÍS.

SLUA LÍONMHAR LÁIDIR IONTRODA A BHÍ IONTU, AGUS BHÍ SÉ AMUIGH ORTHU GO RABHADAR AR NA LAOCHRA BA CHALMA DÁ RAIBH IN ÉIRINN.

ACH BHÍ A FHIOS ACU UILIG GO RAIBH AN CHUID BA DHEACRA DEN GHNÓ GAN A DHÉANAMH FÓS...

AGUS NÍOR CHAITH SIAD LÁ NÁ OÍCHE GAN SÚIL AMUIGH ACU AR NA HULTAIGH.

BA GHEARR IMITHE DO MHIC UISNIGH GO RAIBH AN TÓIR AMUIGH AG CONCHUBHAR ORTHU AGUS LUACH SAOTHAIR FÓGRAITHE DON TÉ A BHÉARFADH AN BANPHRIONSA ABHAILE NÓ TUAIRISC FÚITHI...

ACH BHÍ LÁNTUISCINT AG MIC UISNIGH AR AN MÉID SIN AGUS NÍ GO MALL ACH GO RIGHIN A CHUAIGH SIAD CHUN CINN.

AGUS CHUIR NA HULTAIGH AN TÓIR ORTHU CHOMH DIAN SIN IS GURBH ÉIGEAN DÓIBH COINNEÁIL ORTHU DE LÓ IS D'OÍCHE...

CHAITH MIC UISNIGH SEAL ANSIN AG CUR AGUS AG CÚITEAMH AGUS IAD IDIR DHÁ CHOMHAIRLE FAOIN NÍ AB FHEARR DÓIBH A DHÉANAMH.

NÍL AN DARA ROGHA AGAINN, A BHRÁITHRE, ACH IMEACHT LINN AS SEO GO HALBAIN AR FEADH TAMAILL. BEIDH FAOISEAMH ÉIGIN LE FÁIL AGAINN ANSIN.

BHÍ NAOISE INA MHUIRÍ CHOMH MISNIÚIL IS CHOMH SCILIÚIL IS A BHUAIL BONN COISE AR LONG ARIAMH. CHUIR SÉ A LONG I GCAOI IS I GCÓIR ANSIN AGUS D'ARDAIGH A CUID SEOLTA BUCÓIDEACHA, BACÓIDEACHA.

BA GHEARR GO RABHADAR AG TREABHADH NA FARRAIGE GLASUAINE, AG CUR GAINIMH IN UACHTAR AGUS CÚR BÁN IN ÍOCHTAR, NÓ GUR BHAIN SIAD CUAN IS CALAPHORT AMACH AR CHÓSTA NA HALBAN.

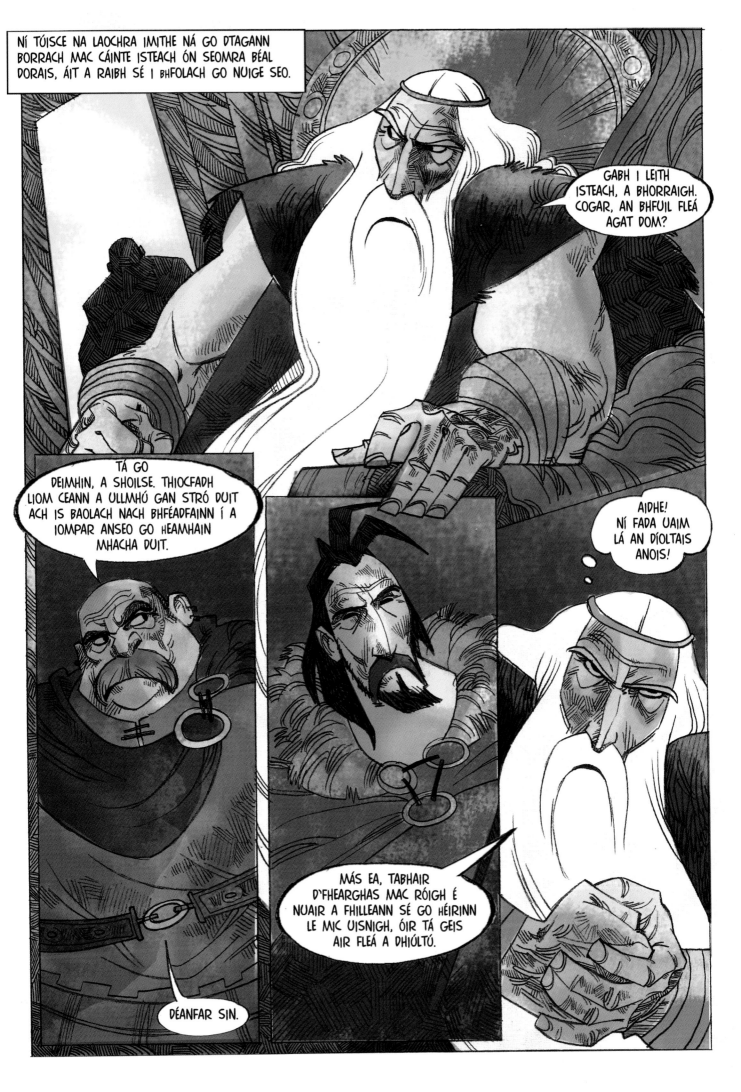

D'ORDAIGH FEARGHAS MAC RÓIGH ANSIN GO GCUIRFÍ EAMHAIN MHACHA AR LASADH I NGACH AON BHALL I DTEANNTA A CHÉILE.

AGUS RINNEADH SLÉACHT GAN TRÓCAIRE AR MHUINTIR AN RÍ IDIR FHIR AGUS MHNÁ.

AGUS NÍ RAIBH A LEITHÉID DE THROID Ó THIAR AN DOMHAIN GO DTÍ THOIR AN DOMHAIN AGUS A THARLA AR AN LÁTHAIR SIN. LEIS AN NEART A BHÍ LE FUAIM AN TRODA CHRITH AN TALAMH FAOINA GCOSA AGUS RINNE SIAD BOGÁN DEN CHRUATÁN AGUS CRUATÁN DEN BHOGÁN, AGUS BHÍODAR AG TABHAIRT DÁ CHÉILE AR AN GCUMA SIN GO DTÍ SMÁL NA HOÍCHE.

NUAIR A BHÍ DEIREADH DÉANTA AGUS DÍOLTAS BAINTE GHLUAIS FEARGHAS AGUS TRÍ MHÍLE DÁ LUCHT LEANTA GO CRUACHAIN AÍ I GCÚIGE CHONNACHT, ÁIT AR CUIREADH FÁILTE ROMPU AG MÉABH AGUS AILLIL.

An chéad chló 2008
© Cló Mhaigh Eo 2008

ISBN 978-1-899922-52-9

Foilsithe ag Cló Mhaigh Eo,
Clár Chlainne Mhuiris,
Co. Mhaigh Eo, Éire.
www.leabhar.com
094-9371744 (Fón/Faics)

Scéal: Colmán Ó Raghallaigh
Ealaín: Barry Reynolds agus Audrey O'Brien
barry.reynolds@gmail.com / audreyob@gmail.com

Dearadh: raydesign, Gaillimh raydes@iol.ie
Clóbhuailte in Éirinn ag Clodóirí Lurgan,
Indreabhán, Co. na Gaillimhe.

Faigheann Cló Mhaigh Eo tacaíocht ó
Bhord na Leabhar Gaeilge.

Bord na Leabhar Gaeilge

Foras na Gaeilge